Sandra Grimm, 1974 in einem kleinen Dorf in Norddeutschland geboren, ist Diplompädagogin und Verlagslektorin. Nach vielen Jahren Arbeit und Studium in Paris, Trier, Münster und Bayreuth lebt sie inzwischen wieder in Norddeutschland, wo sie als freie Autorin und Lektorin arbeitet.

Monika Parciak, 1976 in Danzig geboren, studierte Kommunikationsdesign an der FH Düsseldorf. Seit ihrem erfolgreichen Abschluss arbeitet sie freiberuflich als Illustratorin und Grafikdesignerin.

ellermann im Dressler Verlag GmbH · Hamburg
© Dressler Verlag GmbH, Hamburg 2015
Alle Rechte vorbehalten
Einband und farbige Illustrationen von Monika Parciak
Druck und Bindung: Offizin Andersen Nexö, Leipzig
Printed 2015
ISBN 978-3-7707-5503-5

www.ellermann.de

Meine schönsten Bilder-Märchen

Der Wolf und die sieben Geisslein ♥ Der gestiefelte Kater
Hase und Igel ♥ Die Bremer Stadtmusikanten

Mit Bildern von Monika Parciak
Nacherzählt von Sandra Grimm

ellermann im Dressler Verlag GmbH · Hamburg

Es war einmal eine Ziegenmutter, die hatte sieben Ziegenkinder. Eines Tages wollte sie Futter holen gehen und mahnte: „Liebe Geißlein, macht keinem die Tür auf! Wenn der Wolf kommt, so frisst er euch! Er täuscht andere geschickt, aber ihr erkennt ihn an seiner dunklen Stimme und an seinen schwarzen Pfoten. Also hütet euch!" Die Geißlein versprachen es, und die Mutter ging fort.

Es dauerte nicht lang, da klopfte jemand an die Haustür und rief: „Macht auf! Ich bin eure Mama und habe euch etwas mitgebracht!" Doch die kleinen Ziegen hörten an der rauen Stimme, dass es der Wolf war. „Wir machen nicht auf, du bist der Wolf! Unsere Mutter hat eine helle, liebe Stimme!" Da kaufte der Wolf ein Stück Kreide und fraß es auf. Nun klang seine Stimme viel heller. Er lief zum Ziegenhaus und sprach freundlich: „Hallo Kinder, macht mir auf! Ich hab etwas für euch!" Aber die Geißlein sahen die schwarze Pfote, mit der er sich am Fenster abstützte. Und so riefen sie: „Nein, du bist nicht unsere Mutter! Sie hat keine schwarzen Pfoten!"

Da lief der Wolf zum Bäcker und verlangte, dass er ihm die Pfote mit Teig und Mehl bestreichen solle. Der Bäcker war misstrauisch und weigerte sich. Doch als der Wolf drohte, ihn sonst zu fressen, gehorchte der Bäcker. Ja, so sind die Menschen manchmal.

Wieder lief der Wolf zum Ziegenhaus und sprach: „Macht mir auf, ich bin euer Mütterchen und habe euch etwas Schönes mitgebracht!" Die schlauen Geißlein riefen zurück: „Zeig uns erst deine Pfote am Fenster!" Als sie sahen, dass die Pfote weiß war, dachten sie, es wäre ihre Mutter, und öffneten die Tür.

Aber oje, es war der Wolf! Rasch versteckten sich die Geißlein: Eins unterm Tisch, das zweite im Bett, das dritte im Ofen, das vierte in der Küche, das fünfte im Schrank, das sechste unter der Waschschüssel und das siebte in der großen Wanduhr. Der Wolf jedoch fand eins nach dem anderen und schluckte sie mit einem Happs hinunter. Nur das jüngste Geißlein im Uhrenkasten, das entdeckte er nicht.

Der Wolf lief nun in den Wald und legte sich zum Ausruhen unter einen Baum.

Als die Ziegenmutter nach Hause kam, fand sie die Haustür geöffnet und alles durcheinander – doch kein einziges Geißlein! Erschrocken rief sie die Namen ihrer Kinder – und als sie den Namen des Jüngsten rief, antwortete es leise: „Mama, ich bin im Uhrenkasten!" Erleichtert holte die Mutter es heraus. Das Geißlein erzählte ihr alles, und die Mama weinte bitterlich.

Dann aber ging sie in den Wald und suchte den Wolf. Sie fand ihn schlafend unter einem Baum. Doch was zappelte da in seinem Bauch? Die Geißlein – sie lebten! Das jüngste Zicklein holte Schere, Nadel und Garn von daheim. Und als die Mutter dem Wolf den Bauch aufschnitt, kamen alle Geißlein herausgesprungen – ganz unversehrt. Das war eine Freude!

Die Mutter ließ die Kinder Steine sammeln, die sie dem Wolf in den Bauch legten, und nähte ihn zu.

Als der Wolf später erwachte, war er durstig und tappte zum Brunnen. Erstaunt rief er: „Was rumpelt und pumpelt in meinem Bauch? Ich dachte, es wären Geißlein, aber es fühlt sich an wie Steine!" Am Brunnen beugte er sich durstig vor – fiel wegen der schweren Steine hinein und ertrank.

Als die Geißlein das sahen, tanzten sie und riefen froh: „Der Wolf ist tot! Der Wolf ist tot!", denn sie hatten nun nichts mehr zu befürchten.

Der Wolf und die sieben Geißlein

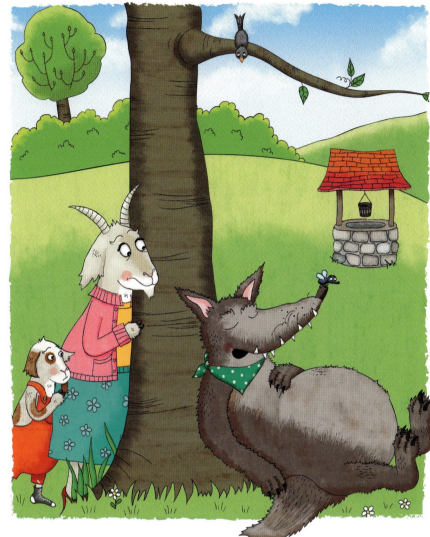

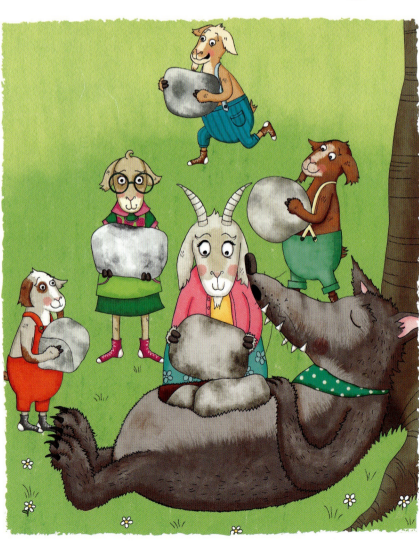

Es war einmal ein Müller, der hatte drei Söhne. Als der Müller starb, teilten seine Söhne das Erbe unter sich auf: Der Älteste bekam die Mühle, der zweite den Esel und der dritte den Kater. Darüber war der dritte sehr unzufrieden und rief: „Was soll ich mit einem Kater? Vielleicht mache ich mir warme Pelzhandschuhe aus seinem Fell."

Da sprach der Kater: „Lass lieber ein Paar gute Stiefel für mich machen, dann wirst du sehen, wozu ich dir nütze sein kann."

Der Müllerssohn wunderte sich über den sprechenden Kater, aber er ließ tatsächlich teure Stiefel für den Kater fertigen. Der Kater lief mit den neuen Stiefeln in den Wald.

Dort fing er mit seinem Sack Hasen, die er dem König brachte. „Die sind für dich. Mit einem Gruß von meinem Herrn, dem Grafen", sagte er. Der König dankte dem Kater und ließ ihn gehen.

Der Kater wusste, dass der König sehr gerne Rebhühner aß, aber kein Jäger es schaffte, ihm welche zu fangen. Im Wald legte er einen Sack mit Körnern auf den Boden. Die Rebhühner kamen bald, um die Körner aufzupicken. Rasch zog der Kater den Sack zu und brachte die gefangenen Rebhühner zum König. Vor lauter Freude schenkte der König dem Kater so viel Gold, wie er tragen konnte.

Der Müllerssohn staunte über den Reichtum, aber der Kater hatte noch mehr im Sinn.

Als er hörte, dass der König mit der Prinzessin zum See fahren wollte, riet er dem Müllerssohn, im See zu baden. Der tat verwundert, wie ihm geheißen. Als nun die königliche Kutsche vorfuhr, lief der Kater darauf zu und klagte: „Herr König, ein Räuber hat meinem Herrn die Kleider gestohlen." Der König ließ sogleich feine Kleider aus dem Palast holen und gab sie dem Müllerssohn, von dem er dachte, er sei ein Graf. Er lud ihn zu einer Fahrt in die Kutsche ein, worüber sich auch die Prinzessin freute, der dieser junge Mann gut gefiel.

Der Kater war indessen vorausgegangen und hatte die arbeitenden Menschen auf den Feldern gefragt, wem Land, Ernte und Wald gehörten. Alles gehörte einem großen Zauberer. Der Kater befahl den Menschen, dem König zu sagen, dass alles dem Grafen gehöre. Da er ihnen Angst gemacht hatte, gehorchten die Menschen. Und als der König kam und fragte: „Wem gehört dies alles?", antworteten sie: „Dem Grafen." Der König war beeindruckt.

Der Kater aber lief zum Schloss des Zauberers. Der Zauberer wusste nicht, was so ein einfacher Kater von ihm wollte. Der Kater schmeichelte ihm. „Ich habe schon viel von dir gehört, aber ich möchte sehen, ob du dich wirklich verwandeln kannst. In einen Elefanten zum Beispiel?" Der Zauberer zeigte es ihm. „Auch in einen Löwen?" Wieder verwandelte sich der Zauberer. „Und sogar in eine Maus?", wollte der Kater wissen. Aber als der Zauberer sich nun in eine Maus verwandelt hatte, fraß der Kater ihn auf.

Bald kam die Kutsche am Schloss an. Der Kater verkündete: „Willkommen, Herr König. Dies ist der Palast meines Herrn."

Der Müllerssohn war ebenso erstaunt wie der König und seine Prinzessin. Sogleich versprach der König ihm die Prinzessin zur Frau. Und als der Herrscher starb, wurde der Müllerssohn am Ende sogar selbst König. Und der Kater? Der wurde sein erster und wichtigster Minister.

Der gestiefelte Kater

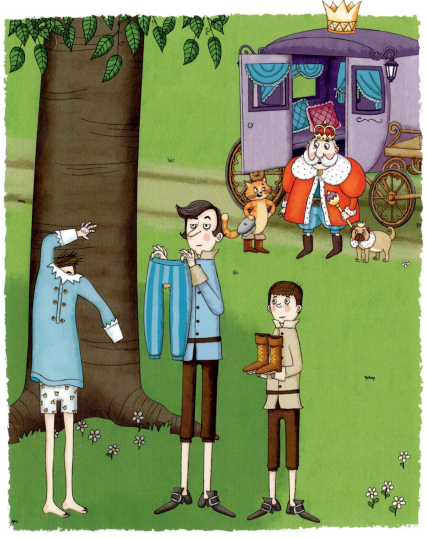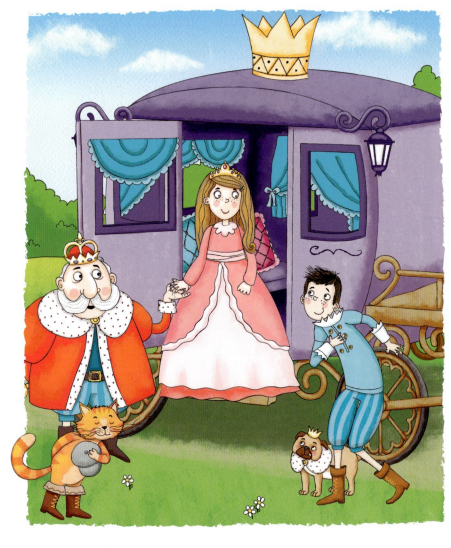

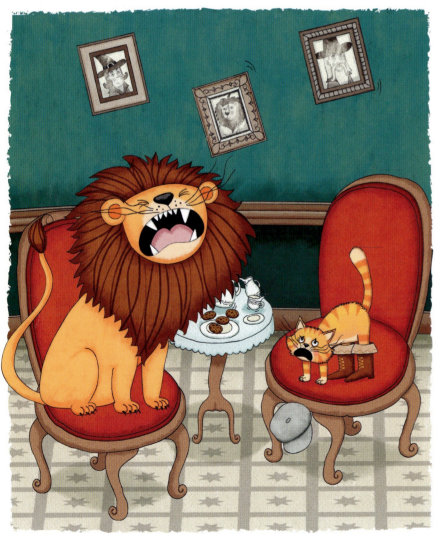

Es war einmal ein schöner Herbstmorgen in der Buxtehuder Heide. Der Igel stellte sich vor sein Häuschen und genoss den frischen Wind. Er sang ein Liedchen und beschloss, einen Spaziergang zu den Steckrüben zu machen, während seine Frau noch die Kinder badete.

Am Feldrand begegnete er dem Hasen und grüßte ihn freundlich. Der Hase aber war ein eitles und hochnäsiges Tier. Statt zurückzugrüßen, spottete er über des Igels kurze Beinchen. Das regte den Igelmann auf, denn er war stolz auf seine schiefen Beinchen. „Du meinst wohl, deine Beine sind besser?", rief er empört.

„Allerdings", sagte der Hase.

Da schlug der Igel ihm eine Wette vor: „Ich wette um einen Goldtaler und eine Flasche Wein, dass ich in einem Wettrennen an dir vorbeilaufe."

Der Hase nahm die Wette an und wollte gleich loslaufen. Aber da sprach der Igel: „Oh nein, ich muss zuerst noch frühstücken. In einer halben Stunde können wir uns wieder hier treffen."

Daheim erzählte er seiner Frau von der Wette. Sie erschrak mächtig. Das konnte doch nicht klappen! Aber der Igel hatte eine Idee und nahm seine Frau mit zum Feld. Unterwegs verriet er ihr seinen Plan: „Der Hase und ich laufen in den beiden Ackerfurchen nebeneinander um die Wette. Du brauchst dich nur hier unten in der Furche ducken. Wenn der Hase angelaufen kommt, rufst du ihm entgegen: ‚Ich bin schon hier!'" Er zeigte ihr den richtigen Platz und lief über das Feld zum Hasen, der schon auf ihn wartete.

Der Hase zählte: „Eins, zwei, drei!", und rannte wie ein Sturmwind davon. Der Igel lief auch los, blieb aber nach drei Schritten stehen. Als nun der Hase auf der anderen Seite des Feldes ankam, rief ihm die Igelfrau entgegen: „Ich bin schon hier!" Der Hase dachte, es sei der Igel, denn bekanntlich sehen Igelmann und Igelfrau sich sehr ähnlich. Er rief: „Das geht nicht mit rechten Dingen zu! Noch mal!" Wieder rannte er davon.

Als er aber auf der anderen Seite zurückkam, stand dort der Igelmann und rief wiederum: „Ich bin schon hier!" Der Hase ärgerte sich fürchterlich und schrie: „Noch mal!" Und so lief er dreiundsiebzig Mal hin und her, aber stets rief einer der Igel: „Ich bin schon hier!"

Beim vierundsiebzigsten Lauf allerdings konnte der Hase nicht mehr und fiel um.

Der Hase aber nahm seinen Goldtaler und die Weinflasche, holte seine Frau ab, und beide gingen vergnügt nach Hause. Und wenn sie nicht gestorben sind, so leben sie noch heute.

Hase und Igel

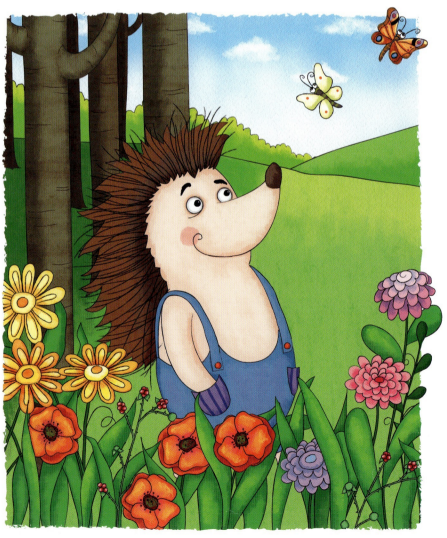

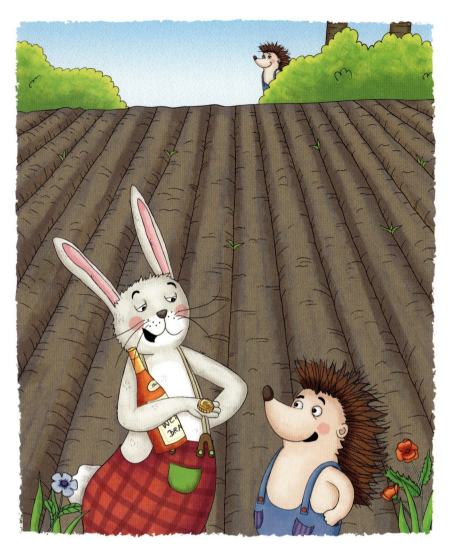
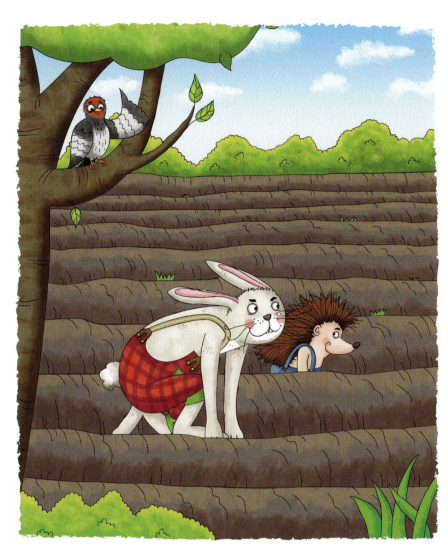

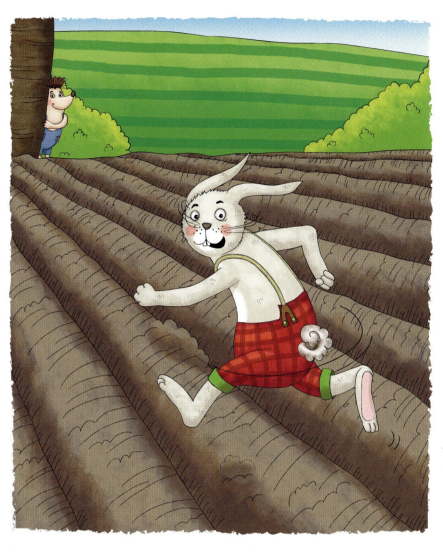
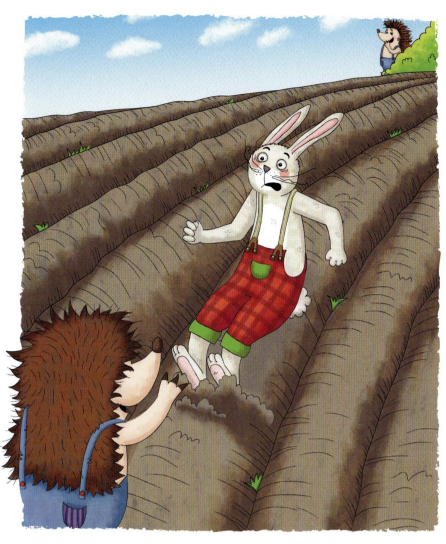

Es war einmal ein alter Esel, der konnte keine schweren Säcke mehr schleppen. Da beschloss der Müller, den Esel loszuwerden. Der Esel aber war schlau und lief davon. Er wollte zur Stadt Bremen laufen und dort als Musikant leben.

Unterwegs traf er einen müden Hund. „Was ist mit dir, Packan?", fragte der Esel. „Ach, ich bin alt und unnütz für mein Herrchen. Nun will er mich nicht mehr." Der Esel rief: „Komm mit mir! Wir zwei werden Stadtmusikanten in Bremen." Der Hund ließ sich gern überreden.

Bald kamen sie zu einer traurigen Katze. „Was hast du, alter Bartputzer?", fragte der Esel wieder. „Ich kann keine Mäuse mehr fangen, und mein Frauchen will mich in den Fluss werfen. Aber wo soll ich nur hin?" Der Esel riet ihr: „Geh mit uns nach Bremen!" Schon lief die Katze mit ihnen.

Nach einer Weile kamen sie zu einem alten, laut krähenden Hahn. „Was schreist du so?", fragte der Esel. „Ich soll morgen in die Suppe", klagte der Hahn. „Da schrei ich heute noch, so viel ich kann!" Der Esel schüttelte den Kopf. „Ach wo, Rotkopf. Du gehst mit uns nach Bremen und machst Musik. Komm!"

Es war ein weiter Weg bis nach Bremen, und sie mussten in einem Wald übernachten. Als sie sich gerade einen Schlafplatz gesucht hatten, entdeckte der Hahn von seinem Platz im Baum ein Licht. „Ich sehe ein Licht", krähte er. Da machten die Tiere sich auf, denn im Wald war es kalt und dunkel.

Beim Haus schaute der Esel durch das Fenster. „Drinnen essen drei Räuber und schmausen!", erzählte er.

„Das wäre etwas für uns", meinte der Hahn, und es dauerte nicht lange, da hatten sie gemeinsam einen Plan geschmiedet.

Also kletterte der Hund auf den Eselsrücken, die Katze auf den Hund, und der Hahn flog nach ganz oben. Dann begannen sie alle, laut zu krakeelen: Der Esel schrie, der Hund bellte, die Katze miaute, und der Hahn krähte. Das Fenster sprang auf, und die Scheiben klirrten.

Die Räuber erschraken fürchterlich und rannten Hals über Kopf vor dem grausigen Gespenst davon. Die Tiere aber setzten sich an den Tisch, aßen und tranken und hatten einen feinen Abend. Schließlich suchten sie sich jeder einen gemütlichen Schlafplatz und schliefen ein.

Im Wald beobachteten die Räuber das Haus. Als das Licht ausging und alles ruhig schien, traute sich einer von ihnen, zum Haus zu gehen, um nachzusehen.

Leise schlich er hinein. Am Herd glaubte er, eine glühende Kohle in der Glut zu sehen. Er hielt ein Streichholz daran, um Feuer zu machen. Aber es war ein leuchtendes Auge der Katze gewesen, und diese sprang ihm nun ins Gesicht, fauchte und kratzte. Der Räuber fluchte und rannte zur Tür. Dort aber lag der Hund und biss ihn ins Bein. Schreiend lief der Räuber weg, doch am Misthaufen gab der Esel ihm noch einen kräftigen Tritt, und der Hahn rief ihm ein gellendes Kikeriki! hinterher.

Im Wald erzählte der Räuber seinen Kumpanen: „In der Hütte haust nun eine grässliche Hexe, die mir das Gesicht zerkratzt hat. Ein Mann hat mich mit einem Messer gestochen, und draußen hat ein Ungetüm mich mit einer Keule geschlagen. Vom Dach oben rief der Richter ‚Bringt mir den Schelm'."

Daraufhin trauten sich die Räuber nicht mehr zurück.

Die vier Stadtmusikanten aber fühlten sich sehr wohl in dem Haus, so blieben sie dort. Und wenn sie nicht gestorben sind, dann musizieren sie noch heute.

Die Bremer Stadtmusikanten

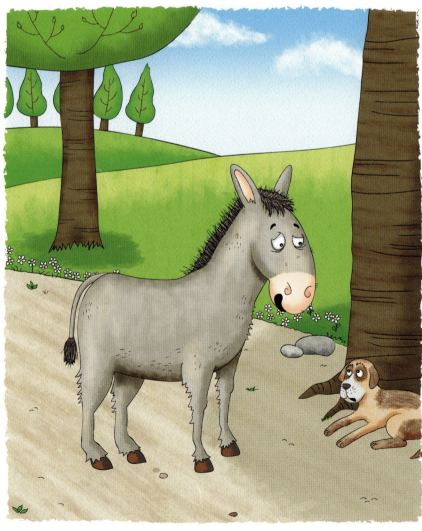

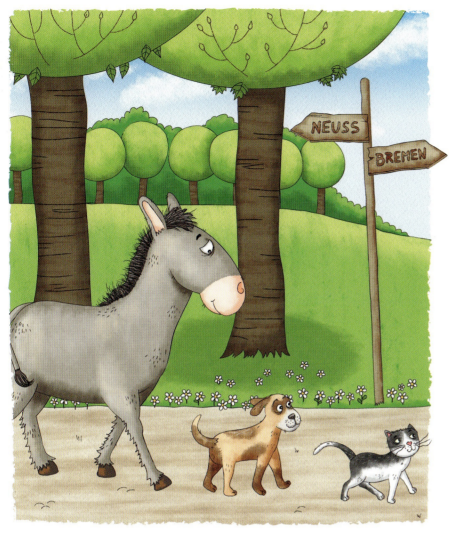